上海市工程建设规范

建筑工程施工质量资料管理标准

Standard for construction quality document management of building engineering

DG/TJ 08—2379—2021

J 15915—2021

主编单位：上海三凯工程咨询有限公司
上海市建设工程安全质量监督总站
上海市城市建设档案馆

批准部门：上海市住房和城乡建设管理委员会

施行日期：2021 年 12 月 1 日

同济大学出版社

2022　上海

图书在版编目(CIP)数据

建筑工程施工质量资料管理标准 / 上海三凯工程咨询有限公司，上海市建设工程安全质量监督总站，上海市城市建设档案馆主编. —上海：同济大学出版社，2022.2

ISBN 978-7-5765-0089-9

Ⅰ. ①建… Ⅱ. ①上… ②上… ③上… Ⅲ. ①建筑施工-工程质量-质量管理-技术档案-档案管理-标准-中国 Ⅳ. ①G275.3-65

中国版本图书馆 CIP 数据核字(2022)第 003592 号

建筑工程施工质量资料管理标准

上海三凯工程咨询有限公司
上海市建设工程安全质量监督总站 **主编**
上海市城市建设档案馆

策划编辑 张平官
责任编辑 朱 勇
责任校对 徐春莲
封面设计 陈益平

出版发行 同济大学出版社 www.tongjipress.com.cn
(地址：上海市四平路 1239 号 邮编：200092 电话：021－65985622)
经 销 全国各地新华书店
印 刷 浦江求真印务有限公司
开 本 889mm×1194mm 1/32
印 张 2.375
字 数 64 000
版 次 2022 年 2 月第 1 版 2022 年 2 月第 1 次印刷
书 号 ISBN 978-7-5765-0089-9
定 价 25.00 元

上海市住房和城乡建设管理委员会文件

沪建标定〔2021〕518 号

上海市住房和城乡建设管理委员会
关于批准《建筑工程施工质量资料管理标准》
为上海市工程建设规范的通知

各有关单位：

由上海三凯工程咨询有限公司、上海市建设工程安全质量监督总站、上海市城市建设档案馆主编的《建筑工程施工质量资料管理标准》，经我委审核，现批准为上海市工程建设规范，统一编号为 DG/TJ 08—2379—2021，自 2021 年 12 月 1 日起实施。

本规范由上海市住房和城乡建设管理委员会负责管理，上海三凯工程咨询有限公司负责解释。

特此通知。

上海市住房和城乡建设管理委员会

二〇二一年八月十日

前言

根据上海市住房和城乡建设管理委员会《关于印发〈2019 年上海市工程建设规范、建筑标准设计编制计划〉的通知》(沪建标定〔2018〕753 号)的要求，编制组结合国家和上海市有关法律法规和有关标准广泛开展调查研究，认真总结工程实践经验和研究成果，并在广泛征求行业内外意见的基础上，制定本标准。

本标准共分 8 章。主要内容包括：总则；术语；基本规定；管理职责；分类与编号；内容与要求；电子化管理；归档管理。

各单位及相关人员在执行本标准过程中，如有修改意见或建议，请反馈至上海市住房和城乡建设管理委员会(地址：上海市大沽路 100 号；邮编：200003；E-mail：shjsbzgl@163.com)、上海三凯工程咨询有限公司(地址：上海市共和路 169 号 12 楼；邮编：200070；E-mail：jzzx@sunkingpm.com.cn)、上海市建筑建材业市场管理总站(地址：上海市小木桥路 683 号；邮编：200032；E-mail：shgcbz@163.com)，以供今后修订时参考。

主 编 单 位：上海三凯工程咨询有限公司
上海市建设工程安全质量监督总站
上海市城市建设档案馆

参 编 单 位：上海市松江区建设工程质量安全监督站
上海建工四建集团有限公司
上海城建市政工程(集团)有限公司
上海市安装工程集团有限公司
绿地控股集团有限公司
北京筑业志远软件开发有限公司

主 要 起 草 人: 曹一峰　金磊铭　楼建春　梁　静　黄忠辉
黄春雷　陈卫伟　夏　群　沈玉兰　宋　琳
李欣兰　徐佳彦　王坚安　许金根　顾雪全
汤光伟　兰宏亮　周　磊　冯丽梅　俞　凯
刘　超　周　峰　唐　亮　于　刚　王荣荣
沈　杨　张祎瓅　计豪丰　黄钦宇　田晓雨

主 要 审 查 人: 周红波　王美华　黄建飞　段必海　沈孝庭
瞿志勇　周华俊

上海市建筑建材业市场管理总站

目　次

Contents

1 总 则

1.0.1 为规范本市建筑工程施工质量资料的编制与管理，适应工程建设信息化的发展需要，推进工程电子文件的应用，提高工程建设管理水平，结合本市实际情况，制定本标准。

1.0.2 本标准适用于本市行政区域内新建、改建、扩建建筑工程施工质量资料的编制与管理。

1.0.3 建筑工程施工质量资料管理除应符合本标准外，尚应符合国家、行业和本市现行有关标准的规定。

2 术 语

2.0.1 建筑工程 building engineering

通过对各类房屋建筑及其附属设施的建造和与其配套线路、管道、设备等的安装所形成的工程实体。

2.0.2 施工质量资料 construction quality document

施工单位在施工过程中形成的反映工程质量的资料。

2.0.3 施工组织设计资料 construction organization plan document

以施工项目为依据编制的，用以指导施工的技术、经济和管理的综合性文件及相关审批资料。

2.0.4 施工技术管理资料 construction technical and management document

反映施工技术文件及其修改与审批、施工管理情况、施工记录的各类资料。

2.0.5 工程质量保证资料 engineering quality assurance document

反映工程使用的材料、构配件、设备以及工程结构安全和主要使用功能质量是否合格的各类资料。

2.0.6 工程质量验收资料 engineering quality acceptance document

反映检验批、分项、分部以及单位工程质量是否合格的各类资料。

2.0.7 竣工图 as-built drawing

建筑工程竣工验收后，真实反映建筑工程施工结果的图纸。

2.0.8 电子文件 electronic document

通过数字设备及环境生成，以数码形式存储于光盘、硬盘、云盘等介质，依赖计算机等数字设备阅读、处理，并可在通信网络上传送的文件。

2.0.9 电子签章 electronic seal signature

个人电子签名、个人电子印章、单位电子印章、项目电子印章等电子签名、电子印章的统称。

2.0.10 电子档案 electronic records

工程建设过程中形成的，具有参考和利用价值并可作为档案保存的电子文件及其元数据。

2.0.11 归档 archiving

文件形成部门或单位完成其工作任务后，将形成的文件整理组卷后，按规定向本单位档案室或向城建档案管理机构移交的过程。

3 基本规定

3.0.1 施工质量资料应与建筑工程施工过程同步形成，并应真实反映建筑工程的实际建设情况和实体质量。

3.0.2 施工质量资料的形成应符合相关法律、法规、工程建设标准以及工程合同与设计文件等的规定。

3.0.3 施工质量资料管理应做到制度健全、岗位与责任明确。

3.0.4 建设单位与勘察、设计、施工、监理、检测（试验）等单位签订合同时，应对施工质量资料的套数、移交时间和违约责任等提出明确要求。

3.0.5 施工质量资料形成单位应对资料内容的真实性、完整性、有效性负责；由多方形成的资料，应各负其责。

3.0.6 施工质量资料应填写规范、字迹清晰、内容完整、结论明确、签字（章）齐全；严禁伪造或擅自撤换。

3.0.7 施工质量资料应体现工程质量管理的可追溯性，每份资料应有唯一性标识。

3.0.8 施工质量资料应为原件。施工质量资料为复印件的，应加盖相应印章，应有经办人签字及日期，并注明原件存放处。提供单位应对资料的真实性负责。

3.0.9 按照本标准要求生成的电子文件，应采用电子化审批，并应符合《电子签名法》等相关法律、法规要求。

3.0.10 施工质量资料应采用信息化技术管理。

4 管理职责

4.0.1 参建单位应建立健全施工质量资料管理体系，明确企业内部管理各环节和有关人员的资料管理职责，落实施工质量资料管理责任。参建单位项目负责人应对施工质量资料形成的全过程负总责。

4.0.2 建设单位履行施工质量资料管理职责应符合下列规定：

1 建立施工质量资料按验收节点的归档制度。

2 及时向勘察、设计、施工、监理等单位提供工程项目原始资料。

3 监督和检查参建单位施工质量资料的形成、提供、收集、整理、组卷和移交工作。

4 需建设单位签认的施工质量资料应及时签署意见。

5 由建设单位采购的材料、构配件和设备，建设单位应提供完整、真实和有效的质量证明文件。

6 应及时收集、整理施工质量资料，建立、健全工程项目档案，并应在规定时间内向城建档案管理机构或者其他有关部门报送及移交。

7 未实施工程监理的建筑工程，建设单位应履行本标准规定的监理单位职责。

4.0.3 施工总包单位履行施工质量资料管理职责应符合下列规定：

1 企业及项目应配备专人负责施工质量资料的收集、整理、汇总及保管等工作，相关人员应经过专业培训。

2 负责本单位施工范围内施工质量资料的编制、收集、整理与保存。

3 负责审查并汇总各施工分包单位提供的施工质量资料；

4 负责将施工质量资料整理、汇总、组卷，按有关规定与要求移交建设单位或者政府有关部门。

5 应接受建设、监理等单位对施工质量资料的监督检查。

4.0.4 施工分包单位履行施工质量资料管理职责应符合下列规定：

1 企业及项目应配备专人负责施工质量资料的收集、整理、汇总及保管等工作，相关人员应经过专业培训。

2 负责本单位施工范围内施工质量资料的编制、收集和整理。

3 及时将施工质量资料按合同约定要求整理、汇总及移交施工总包单位。

4 应接受建设、监理、施工总包等单位对施工质量资料的监督检查。

4.0.5 监理单位履行施工质量资料管理职责应符合下列规定：

1 审查施工单位报送资料的内容、审批程序，经审查不合格的，应提出整改要求，并对整改合格的施工质量资料审批确认。

2 对施工质量资料的形成、积累、组卷和归档进行监督、检查。

4.0.6 勘察、设计、检测（试验）单位履行施工质量资料管理职责应符合下列规定：

1 按国家有关法律、法规、标准以及项目合同要求提供勘察、设计文件及检测（试验）报告。

2 检测（试验）报告应真实、准确和有效，检测过程、结果应符合有关技术标准和规范要求，检测（试验）人员应具备有效的资格证书。

3 需勘察、设计单位审核和签认的施工质量资料应及时审核并签署意见。

5 分类与编号

5.1 分 类

5.1.1 施工质量资料应以单位工程为对象，根据分部(子分部)、分项工程的不同阶段、专业特点进行分册。

5.1.2 施工质量资料各分册应按本标准附录 A 的规定分为施工组织设计资料、施工技术管理资料、工程质量保证资料、工程质量验收资料和竣工图五类。

5.1.3 施工质量资料中分部(子分部)和分项工程的分类应符合附录 B 的要求。

5.2 编 号

5.2.1 施工质量资料的分类代号应符合下列规定：

1 施工组织设计资料，代号 A。

2 施工技术管理资料，代号 B。

3 工程质量保证资料，代号 C。

4 工程质量验收资料，代号 D。

5 竣工图，代号 E。

5.2.2 施工质量资料的编号原则及要求应符合下列规定：

1 施工质量资料的一级编号应包括分册代号、分类代号和顺序号三部分，分类代号和顺序号之间用横线隔开。

1) 分册代号，用汉字表示；

2) 分类代号，共 A、B、C、D、E 五类；

3) 顺序号，应按本标准附录 A 的规定执行，按阿拉伯数字

1、2、3……自然排列。

2 施工质量资料中，分部(子分部)、分项工程及检验批应使用二级编号，二级编号应包括分部工程代号、子分部工程代号、分项工程代号和检验批代号，并位于一级编号下方。

1) 分部(子分部)、分项工程代号，应按本标准附录B的规定执行；

2) 检验批代号宜根据检验批名称按01、02、03……依次排序；

3) 按单位工程管理，不属于某个分部(子分部)工程的施工质量资料，其编号中分部(子分部)工程代号宜采用"00"代替。

3 同类资料顺序号的编号原则及要求应符合下列规定：

1) 同一名称施工质量资料包括多份资料的，资料编号应包括同类资料顺序号，并标注在编号末尾；

2) 同类资料顺序号，宜根据相同表格、检查项目，按自然形成的先后顺序编号；

3) 同类资料顺序号宜按001、002、003……排序。

4 编号栏应位于各表的右上角。

5.2.3 施工质量资料编号的填写原则应符合下列规定：

1 施工质量资料专用表格，应随工程施工过程，按时间顺序连续标注。

2 对同一张表格涉及多个分部(子分部)、分项工程时，应根据不同分部(子分部)、分项工程的检查项目，分别按顺序连续标注。

3 施工质量资料表格按相关规定执行，无示范表格或由外界各方提供的资料和文件，应在资料的右上角标注编号或顺序号。

4 同一批材料、设备、构配件用在两个以上分部(子分部)工程中时，其资料编号中的分部(子分部)工程代号应按主要使用部位的分部(子分部)工程代号填写。

6 内容与要求

6.1 一般规定

6.1.1 施工质量资料应实行报验、报审制度。报验、报审及验收、审批应有时限性要求。

6.1.2 施工质量资料报审、报验过程应执行签章制度。参建单位相关人员应在施工质量资料上签字并加盖执业印章。

6.1.3 施工质量资料的形成应符合下列规定：

1 资料的文字、数据、图表、印章应清晰。

2 资料不得随意修改。纸质文件确实需要修改的，应采用杠改法，修改部位应有修改人签名、审批人签名与日期。

6.1.4 施工质量资料的表式应符合相关标准规定，无相应的表式时，可经建设、监理和施工单位协商确定符合要求的表式。

6.1.5 施工质量资料宜添加汇总表或清单目录，提高资料管理效率。

6.1.6 施工质量资料的盖章类型应按本标准附录 C 的规定执行。

6.2 施工组织设计资料

6.2.1 施工组织设计按编制对象，可分为施工组织总设计、单位工程施工组织设计和(专项)施工方案。

6.2.2 施工组织设计的编制和审批应符合下列规定：

1 施工组织设计的编制应符合现行国家标准《建筑施工组织设计规范》GB/T 50502 的有关规定。

2 施工组织设计经施工单位审核签认后，与施工组织设计报审表一并报送监理单位审批。

6.3 施工技术管理资料

6.3.1 施工技术管理资料可分为技术资料、管理资料和记录资料。

6.3.2 技术资料应包括设计交底纪要、图纸会审纪要、技术核定单、设计修改通知单、设计变更依据性文件对照表等资料。

6.3.3 设计交底纪要、图纸会审纪要的编制应符合下列规定:

1 应写明工程名称、会议日期与地点、参会单位名称与人员姓名。

2 设计交底纪要应详细记录设计交底范围与内容、设计意图与设计特点、工艺布置与工艺要求、施工中注意事项、参会单位提出的疑问及设计单位的解答,相关内容可作为附件附后。

3 图纸会审纪要应写明会议上所提出的问题与解决办法,纪要中应有明确意见;各参会单位的会审意见应作为附件附后。

4 应经建设、设计、施工、监理单位签字盖章确认。

5 应按专业整理汇总。

6 设计交底会议与图纸会审会议一同召开的,纪要可合并为设计交底、图纸会审纪要。

6.3.4 技术核定单应包括技术核定的原因、内容和详细附件,由施工单位提出,并经监理、设计、建设单位审批确认。

6.3.5 设计修改通知单应详细记录设计修改的原因、修改的具体内容及原设计图纸版本号,相关附图应一并整理收集。

6.3.6 设计变更依据性文件对照表应由施工单位在收集、汇总设计变更记录的基础上编制,并经施工、监理单位签字盖章。

6.3.7 管理资料应包括施工现场质量管理检查记录、建设工程开工报告、建设工程复工报告、建设工程竣工报告、工程质量一般事故报告、工程质量重大事故报告、工程质量保修书、施工日志等资料。

6.3.8 施工现场质量管理检查记录应由施工单位根据开工前对工程施工现场组织的检查情况填写，并经监理单位审核。

6.3.9 工程开工、复工、竣工报告的编制应符合下列规定：

1 开工报告应由施工单位在开工前按合同规定向监理单位提交，经监理单位审核、建设单位审批后有效。

2 复工报告应在具备复工条件时，由施工单位向监理单位提交，经监理单位审核、建设单位审批后有效。

3 竣工报告应在完成合同约定内容后，经施工单位自检合格，确认工程质量符合设计文件、相关法律、法规和工程建设强制性要求的基础形成。

6.3.10 工程质量事故报告的编制应符合下列规定：

1 工程质量事故报告应详细记录事故情况、事故原因、事故处理过程及损失情况。

2 无事故发生时应标注为“事故零报告”。

6.3.11 工程质量保修书的范围、保修期限应与合同约定一致，保修期限应符合法律法规的最低保修年限规定。

6.3.12 施工日志应以单位工程为记载对象，从工程开工起至工程竣工止逐日记载，其内容应真实、连续和完整。

6.3.13 记录资料应包括测量记录、检查记录、施工记录等资料。

6.3.14 测量记录应根据测量过程同步记录，测量数据应详细、齐全；测量记录应报监理单位复核。

6.3.15 地基验槽记录应包括基坑位置、平面尺寸、持力层核查、基底绝对高程和相对标高、基坑土质及地下水位等，有桩支护、桩基的工程还应进行桩的检查；建设、勘察、设计、监理、施工单位共同签字盖章确认。地基需处理时，应包括勘察、设计单位对检查内容提出的处理意见。

6.3.16 检查记录应明确检查部位、相关施工信息、具体检查信息以及施工、监理等单位的验收意见。

6.3.17 隐蔽工程验收记录应包括分部分项的名称、对应图纸编号、验收意见，并由施工、监理、建设单位签字盖章确认。国家、行业及本市相关标准规定的隐蔽工程检查项目应有隐蔽工程验收记录。有隐蔽前留置影像资料要求的，应按规范留置影像资料。

6.3.18 工程技术复核单应详细记录实测值，根据标准允许偏差对比，形成内部自检、复核结果后将检查结果和资料交监理单位验收。

6.3.19 施工记录应详细记录施工内容，经施工单位相关人员审批确认后方可有效。施工记录的编制应符合相关标准的规定。

6.4 工程质量保证资料

6.4.1 工程质量保证资料应包括质量证明资料和检测（试验）资料。

6.4.2 质量证明资料应包括各种质量证明文件、材料及构配件进场检验记录、设备开箱检验记录、设备及管道附件试验记录、设备安装使用说明书和各种材料出厂报告等资料。

6.4.3 质量证明资料应符合下列规定：

1 材料、构配件及设备应有质量证明文件。其内容和形式应根据产品标准和产品特性确定，并应符合工程建设标准的要求；有多种证明文件时，应收集齐全。

2 合格证、出厂检验报告、质量保证书及安装技术和使用说明书应随产品供货同时提供；对进口材料、构配件及设备，应提供海关及检疫部门报备文件、商检证明、性能检测报告和有关中文技术说明书等。

3 国家规定须经强制认证的产品应有认证标志（CCC），生产厂家应提供认证证书复印件，复印件应加盖提供单位公章，并有经办人签字及日期，认证证书应在有效期内。

4 材料及构配件进场检验记录、设备开箱检验记录应由施工单位根据进场数量、型号和外观等检查情况填写。

6.4.4 检测（试验）资料应包括建筑材料检测、建筑材料和装饰装修材料有害物质检测、地基与基础工程检测、主体结构工程检测（含钢结构工程检测）、建筑幕墙和门窗工程检测、建筑节能工程检测、通风与空调工程检测及室内环境污染检测等资料。

6.4.5 检测（试验）资料应符合下列规定：

1 国家、行业及本市有关标准规定对进场材料、构配件及设备进行复试或试验的，应形成复试报告；规范、标准要求实行见证时，应按规定进行见证取样和送检并形成试验报告。

2 原材料、构配件进场检验报告及施工试验报告应由有资质的检测单位出具。

3 见证检测报告应由有资质的第三方检测单位出具。出具的检验报告格式应符合本标准要求，数据真实、结论明确，不得涂改或错填、漏填，并予以编号，具有可追溯性。复印件应注明原件存放处。

4 检测（试验）结果不合格时，应有处理记录。

6.5 工程质量验收资料

6.5.1 工程质量验收资料应包括过程质量验收资料与竣工质量验收资料。内容与要求应符合现行国家标准《建筑工程施工质量验收统一标准》GB 50300 和相关专业质量验收规范的规定。

6.5.2 过程质量验收资料应包括检验批质量验收记录、分项工程质量验收记录、分部（子分部）工程质量验收记录、住宅工程质量分户验收记录等资料。

6.5.3 竣工质量验收资料应包括单位（子单位）工程质量竣工验收记录、单位（子单位）工程质量控制资料核查记录、单位（子单位）工程安全和功能检验资料核查及主要功能抽查记录、单位（子单位）工程观感质量检查记录等资料。

6.5.4 过程质量验收资料应符合下列规定：

1 检验批质量验收记录应由施工单位根据检验批的验收情况填写验收详情，由监理单位填写验收结论，施工、监理单位签字确认。

2 分项工程质量验收记录应由施工单位根据对应的检验批质量验收汇总情况填写验收详情，由监理单位填写验收结论，施工、监理单位签字确认。

3 分部(子分部)工程质量验收记录应由施工单位根据对应子分部工程、分项工程、检验批质量验收的汇总情况填写验收详情、质量控制资料、安全和功能检验结果及观感质量检验结果，由监理单位填写综合验收结论。

1) 地基与基础分部工程的质量验收记录应由施工、勘察、设计、监理单位签字盖章确认；

2) 主体结构、节能分部工程的质量验收记录应由施工、设计、监理单位签字盖章确认；

3) 住宅工程质量分户验收记录应由施工单位填写，施工、监理、建设单位签字盖章确认。

6.5.5 竣工质量验收资料应符合下列规定：

1 单位(子单位)工程质量竣工验收记录应由施工单位填写项目和验收记录，由监理单位填写验收结论，由建设单位根据验收各方共同商定结果填写综合验收结论；建设、监理、施工、设计、勘察单位签字盖章确认。

2 单位(子单位)工程质量控制资料核查记录应由施工单位填写资料名称和份数，施工、监理单位填写核查意见并签字盖章确认。

3 单位(子单位)工程安全和功能检验资料核查及主要功能抽查记录应由施工单位填写检查项目和份数，由监理单位填写核查意见、抽查结果、结论；施工、监理单位签字盖章确认。

4 单位(子单位)工程观感质量检查记录应由施工单位填写

项目和抽查质量状况，由监理单位填写质量评价、观感质量综合评价和结论；施工、监理单位签字盖章确认。

6.6 竣工图

6.6.1 竣工图的编制应符合下列规定：

1 竣工图应与工程实际相一致。

2 竣工图应依据施工图、图纸会审纪要、设计变更通知单、技术核定单（含工程洽商记录）、深化设计文件等绘制。由施工单位进行深化设计的工程，深化设计文件应经建设单位及原设计单位认可，涉及重大结构及节能效果变更的应有原图纸审查机构的认可文件。

3 没有工程变更按原施工图施工的，可在原施工图上加盖竣工图章形成竣工图。

4 竣工图的绘制、图纸类型、图章、目录等内容应符合国家及本市现行有关标准的规定。

6.6.2 竣工图应包含图纸、说明等文件，竣工图应按照相关规定进行数字化，交付格式为 PDF 格式，PDF 格式电子图纸应信息齐全。

6.6.3 建设单位应组织、督促和协助各设计、施工单位检验各自负责的竣工图编制工作，发现有不准确或缺漏时，应及时采取措施修改和补齐。

7 电子化管理

7.1 一般规定

7.1.1 列入城建档案管理机构归档要求的施工质量资料，应按本标准的相关规定进行电子文件编制与归档，并及时上传至政府相关部门数据平台；其他施工质量资料，宜进行电子文件编制与归档。

7.1.2 电子文件应符合下列规定：

1 编制应符合本标准的要求，内容应真实、完整、有效。

2 应采用相关部门认可的电子签章技术及封装技术，进行固化处理。

3 采用的电子签章应有效、完整、可读。

7.1.3 电子文件的管理应符合下列规定：

1 应在文件管理制度中对电子文件的管理做出规定。

2 应建立电子签章信息，在政府相关平台注册、录入单位和人员信息。

3 电子文件的编制、审核、审批、签认应及时。

4 电子文件的形成、整理、内部保存、上传与移交工作应符合本标准的规定。

7.1.4 电子文件管理系统应支持按层级方式组织分类方案和管理电子文件，并应支持按分类方案中的类目提供元数据描述。

7.1.5 电子文件管理系统与公共交互平台宜设置归档整理功能，按照预先设置的电子文件分类方案，对各级类目和文件的元数据进行捕获和整理。

7.2 电子文件的形成与管理

7.2.1 建设单位应组织参建单位采用电子文件管理系统，完成施工质量资料的填写、收集、整理、审核、审批、档案元数据著录等工作，并形成 PDF 格式文件。

7.2.2 经参建单位审查合格的 PDF 格式文件应采取有效的电子签章进行签批，并进行固化处理形成有效电子文件。

7.2.3 电子文件的命名应符合下列规定：

1 电子文件的名称由序号及文件题名组成。

2 “序号”为本文件保管单元内电子文件编排顺序号，宜用 3 位阿拉伯数字表示，不足位数的序号应用“0”补齐。

3 “文件题名”应填写文件标题的全称，并符合本标准附录 A 的规定，体现电子文件的内容及特征或图纸的专业名称和编号；可在文件标题后增加二级文件题名，中间用“＋”隔开。

7.2.4 电子文件的更改应符合下列规定：

1 应记录电子文件的修改过程和办理情况，电子文件的不同版本均应保留。

2 电子文件在形成和处理过程中应不被非正常修改、获取和删除。

3 电子文件需要修改时，应重新编制，并将旧电子文件作为附件；电子文件的修改应形成更改记录台账。

7.3 电子签章的管理

7.3.1 单位和个人应办理和使用本市政府部门认可的数字证书（带电子签章）。相关人员数字证书应在企业资质和个人注册有效情况下使用。

7.3.2 电子文件应体现单位和个人签章的签认时间、签认意见等，签章完成后，电子文件应进行固化处理。

7.3.3 电子文件显示的签章时间应为计算机实际签章操作时的中国标准时间。

7.4 电子文件的保管

7.4.1 电子文件的保管应符合下列规定：

1 电子文件的保管单位应配备必要的计算机软、硬件环境，并制定相应管理措施与检查机制；电子文件的保存应适应软件、硬件设备的更新及持续有效。

2 电子文件形成单位应定期备份，可存储于脱机保存的载体上；周期较长的项目，应实行分段积累、定期备份的原则。

3 电子文件不得擅自复制、拷贝、修改、转送。

4 电子文件保管单位应及时、定期对电子文件的接收、保管、利用及鉴定销毁等情况进行统计。

7.4.2 电子文件的利用和销毁应符合下列规定：

1 电子文件管理系统应具有检索、统计等功能，并提供电子文件在线利用。

2 电子文件应在权限规定范围之内使用。

3 电子文件利用时应严格遵守国家保密法规和规定。

4 电子文件的销毁应办理审批手续，并做好销毁管理。

8 归档管理

8.1 组 卷

8.1.1 工程竣工后，施工单位应对施工质量资料组卷，形成归档资料。

8.1.2 施工质量资料组卷应符合下列规定：

1 应遵循施工质量资料的自然形成规律和工程专业特点，保持卷内文件的有机联系，便于档案的保管和利用。

2 施工质量资料应按单位工程分专业进行整理、汇总和组卷。

3 电子文件的组卷应按层级设置多级文件夹，专业工程必须设置文件夹；电子文件的组卷应保持施工质量资料的独立与整体性。

4 所有工程声像文件应单独组卷，命名应反映或标明工程实体的部位。

5 不同载体的文件应分别组卷。组卷目录应体现资料的文件格式，可备注为“电子文件”或“纸质文件”。

6 施工质量资料的组卷应符合现行上海市工程建设规范《建设项目（工程）竣工档案编制技术规范》DG/TJ 08—2046 的有关规定。

8.2 归档与移交

8.2.1 施工质量资料的归档与移交应符合现行国家标准《建设工程文件归档规范》GB/T 50328 和现行上海市工程建设规范《建设

项目(工程)竣工档案编制技术规范》DG/TJ 08—2046 的有关规定。

8.2.2 施工质量资料的归档应符合下列规定：

1 归档资料的范围应符合本标准附录 A 的规定。

2 归档资料应经过分类、组卷，并应符合本标准第 8.1 节的规定。

3 电子文件归档包括在线式和离线式两种方式，可根据实际情况选择其中一种或两种方式进行归档。

4 归档可分阶段分期进行，也可在单位或分部工程通过竣工验收后进行。

5 施工单位应自行归档一套施工质量资料。

8.2.3 施工质量资料的移交应符合下列规定：

1 施工单位应向建设单位移交一套完整的归档资料及移交案卷目录，并办理相应移交手续。

2 移交时，建设单位应对归档资料完整性、准确性、系统情况和案卷质量进行审查；移交双方应对电子文件进行检测与确认，检测合格后方可办理移交手续。

3 有施工总包单位的，各施工分包单位应按本标准规定，将本单位形成的施工质量资料整理、立卷后及时移交总承包单位，总承包单位收集、审核、汇总各施工分包单位形成的施工质量资料后及时移交建设单位。无施工总包单位的，施工单位直接移交建设单位。

8.2.4 施工质量资料归档保存期限应符合下列规定：

1 由建设单位归档保存的，期限应满足工程维护、修缮、改造、加固等的需要。

2 由施工单位归档保存的，期限应满足工程质量保修及质量追溯的最低要求。

附录 A　建筑工程施工质量资料分类与归档范围

表 A　建筑工程施工质量资料分类与归档范围

序号	资料名称		归档范围			
			施工单位	监理单位	建设单位	城档
A 册	施工组织设计资料					
1	施工组织设计审批表		●			
2	施工组织设计修改审批表		●			
3	施工组织设计		●			
B 册	施工技术管理资料					
1	设计交底纪要	施工技术资料	●	○	●	●
2	图纸会审纪要		●	○	●	●
3	技术核定单(工程洽商记录)		●	○	●	●
4	设计修改通知单		●	○	●	●
5	设计变更依据性文件对照表		●	○	●	●
6	施工现场质量管理检查记录	施工管理资料	●	○	●	
7	建设工程开工报告		●	●	●	●
8	建设工程复工报告		●	●	●	●
9	建设工程竣工报告		●	●	●	●
10	工程质量一般事故报告		●	●	●	●
11	工程质量重大事故报告		●	●	●	●
12	工程质量保修书		●	○	●	●
13	施工日志		●			

续表A

序号	资料名称		归档范围			
			施工单位	监理单位	建设单位	城档
14	地基验槽记录	测量记录	●	●	●	●
15	建筑工程沉降观测点、基准点、专用水准点平面位置布置图		●	○	●	●
16	建(构)工程测量复核单		●	○	●	●
17	建(构)筑物沉降观测成果		●	○	●	●
18	垂直测量成果表		●	○	●	●
19	隐蔽工程验收记录	检查记录	●	○	●	
20	工程技术复核单		●	○	●	
21	施工记录		○			
22	规范、标准规定的其他内容		●			
C册	工程质量保证资料					
1	质量证明资料		●	○	●	
2	检测(试验)资料		●	○	●	
3	规范、标准规定的其他内容		●			
D册	工程质量验收资料					
1	单位(子单位)工程质量竣工验收记录		●	●	●	●
2	单位(子单位)工程质量控制资料核查记录		●	●	●	●
3	单位(子单位)工程安全和功能检验资料核查和主要功能抽查记录		●	●	●	●
4	单位(子单位)工程观感质量检查记录		●	●	●	●
5	分部(子分部)工程质量验收记录		●	●	●	●
6	分项工程质量验收记录		●	○	●	
7	检验批质量验收记录		●	○	●	
9	住宅工程质量分户验收记录		●	●	●	○
10	施工单位工程质量竣工报告(合格证明书)		●	●	●	●

续表A

序号	资料名称	归档范围			
		施工单位	监理单位	建设单位	城档
11	规范、标准规定的其他内容	●			
E册	竣工图				
1	竣工图	●	○	●	●
2	规范、标准规定的其他内容	●			

注：1 ●代表长期保存，○代表过程保存。
2 本表主要规定施工质量资料的几大类型以及分类方式，具体表单的使用应结合相关技术规范的要求进行使用。
3 实际归档的施工质量资料按照本标准第5章的编号规则进行编号。

附录 B　工程划分及代号

B.0.1　建筑工程的分部(子分部)工程、分项工程的划分及代号应符合表 B.0.1 的规定。

表 B.0.1　建筑工程的分部(子分部)工程、分项工程划分及代号

分部工程代号及名称	子分部工程代号及名称	分项工程代号及名称
01 地基与基础	01 地基	01 素土、灰土地基,02 砂和砂石地基,03 土工合成材料地基,04 粉煤灰地基,05 强夯地基,06 注浆地基,07 预压地基,08 砂石桩复合地基,09 高压旋喷注浆复合地基,10 水泥土搅拌桩复合地基,11 土和灰土挤密桩复合地基,12 水泥粉煤灰碎石桩复合地基,13 夯实水泥土桩复合地基
	02 基础	01 无筋扩展基础,02 钢筋混凝土扩展基础,03 筏形与箱形基础,04 钢筋混凝土预制桩,05 泥浆护壁成孔灌注桩,06 干作业成孔灌注桩,07 长螺旋钻孔压灌桩,08 沉管灌注桩,09 钢桩,10 锚杆静压桩,11 岩石锚杆基础,12 沉井与沉箱
	03 基坑支护	01 排桩,02 板桩围护墙,03 咬合桩围护墙,04 型钢水泥土搅拌墙,05 土钉墙,06 地下连续墙,07 重力式水泥土墙,08 土体加固,09 内支撑,10 锚杆,11 与主体结构相结合的基坑支护
	04 地下水控制	01 降排水,02 回灌
	05 土石方	01 土方开挖,02 岩质基坑开挖,03 土石方堆放与运输,04 土石方回填
	06 边坡	01 喷锚支护,02 挡土墙,03 边坡开挖
	07 地下防水	01 主体结构防水,02 细部构造防水,03 特殊施工法结构防水,04 排水,05 注浆
	08 特殊土地基	01 湿陷性黄土,02 冻土,03 膨胀土,04 盐渍土

续表B.0.1

分部工程代号及名称	子分部工程代号及名称	分项工程代号及名称
02 主体结构	01 混凝土结构	01 模板，02 钢筋，03 混凝土，04 预应力，05 现浇结构，06 装配式结构
	02 砌体结构	01 砖砌体，02 混凝土小型空心砌块砌体，03 石砌体，04 配筋砌体，05 填充墙砌体
	03 钢结构	01 钢结构焊接，02 焊钉焊接，03 普通紧固件连接，04 高强度螺栓连接，05 零件及部件加工，06 构件组装，07 预拼装，08 单层结构安装，09 多层及高层结构安装，10 网架结构安装，11 钢管桁架结构，12 预应力索杆及膜结构，13 压型金属板，14 防腐涂料涂装，15 防火涂料涂装
	04 钢管混凝土工程	01 钢管构件进场验收，02 钢管混凝土构件现场拼装，03 钢管混凝土柱柱脚锚固，04 钢管混凝土构件安装，05 钢管混凝土柱与钢筋混凝土梁链接，06 钢管内钢筋骨架，07 钢管内混凝土浇筑
	05 钢-混凝土组合结构工程	01 型钢(钢管)焊接，02 螺栓连接，03 型钢(钢管)与钢筋连接，04 型钢(钢管)制作，05 型钢(钢管)安装，06 混凝土
	06 铝合金结构	01 铝合金焊接，02 紧固件连接，03 铝合金零部件加工，04 铝合金构件组装，05 铝合金构件预拼装，06 铝合金框架结构安装，07 铝合金空间网格结构安装，08 铝合金面板，09 铝合金幕墙结构安装，10 防腐处理
	07 木结构	01 方木与原木结构，02 胶合木结构，03 轻型木结构，04 木结构的防护
03 建筑装饰装修	01 抹灰	01 一般抹灰，02 保温层薄抹灰，03 装饰抹灰，04 清水砌体勾缝
	02 外墙防水	01 外墙砂浆防水，02 涂膜防水，03 透气膜防水
	03 门窗	01 木门窗安装，02 金属门窗安装，03 塑料门窗安装，04 特种门安装，05 门窗玻璃安装
	04 吊顶	01 整体面层吊顶，02 板块面层吊顶，03 格栅吊顶
	05 轻质隔墙	01 板材隔墙，02 骨架隔墙，03 活动隔墙，04 玻璃隔墙

续表B.0.1

分部工程代号及名称	子分部工程代号及名称	分项工程代号及名称
03 建筑装饰装修	06 饰面板	01 石板安装,02 陶瓷板安装,03 木板安装,04 金属板安装,05 塑料板安装
	07 饰面砖	01 外墙饰面砖粘贴,02 内墙饰面砖粘贴
	08 幕墙	01 玻璃幕墙安装,02 金属幕墙安装,03 石材幕墙安装,04 人造板材幕墙安装
	09 涂饰	01 水性涂料涂饰,02 溶剂型涂料涂饰,03 美术涂饰
	10 裱糊与软包	01 裱糊,02 软包
	11 细部	01 橱柜制作与安装,02 窗帘盒和窗台板制作与安装,03 门窗套制作与安装,04 护栏和扶手制作与安装,05 花饰制作与安装
	12 建筑地面	01 基层铺设,02 整体面层铺设,03 板块面层铺设,04 木、竹面层铺设
04 屋面	01 基层与保护	01 找坡层和找平层,02 隔汽层,03 隔离层,04 保护层
	02 保温与隔热	01 板状材料保温层、02 纤维材料保温层,03 喷涂硬泡聚氨酯保温层,04 现浇泡沫混凝土保温层,05 种植隔热层,06 架空隔热层,07 蓄水隔热层
	03 防水与密封	01 卷材防水层,02 涂膜防水层,03 复合防水层,04 接缝密封防水
	04 瓦面与板面	01 烧结瓦和混凝土瓦铺装,02 沥青瓦铺装,03 金属板铺装,04 玻璃采光顶铺装
	05 细部构造	01 檐口,02 檐沟和天沟,03 女儿墙和山墙,04 水落口,05 变形缝,06 伸出屋面管道,07 屋面出入口,08 反梁过水孔,09 设施基座,10 屋脊,11 屋顶窗
05 建筑给水排水及供暖	01 室内给水系统	01 给水管道及配件安装,02 室内消火栓系统安装,03 给水设备安装,04 管道防腐,05 绝热
	02 室内排水系统	01 排水管道及配件安装,02 雨水管道及配件安装
	03 室内热水供应系统	01 管道及配件安装,02 辅助设备安装,03 防腐,04 绝热

续表B.0.1

分部工程代号及名称	子分部工程代号及名称	分项工程代号及名称
05 建筑给水排水及供暖	04 卫生器具安装	01 卫生器具安装,02 卫生器具给水配件安装,03 卫生器具排水管道安装
	05 室内采暖系统	01 管道及配件安装,02 辅助设备安装及散热器安装,03 金属辐射板安装,04 低温热水地板辐射采暖系统安装,05 系统水压试验与调试,06 防腐,07 绝热
	06 室外给水管网	01 给水管道安装,02 消防水泵接合器及室外消火栓安装,03 管沟及井室
	07 室外排水管网	01 排水管道安装,02 排水管沟与井池
	08 室外供热管网	01 管道及配件安装,02 系统水压试验及调试,03 防腐,04 绝热
	09 建筑中水系统及游泳池系统	01 建筑中水系统管道及配件安装,02 游泳池水系统安装
	10 供热锅炉及辅助设备	01 锅炉安装,02 辅助设备及管道安装,03 安全附件安装,04 烘炉、煮炉和试运行,05 换热站安装,06 防腐,07 绝热
06 通风与空调	01 送风系统	01 风管与配件制作,02 部件制作,03 风管系统安装,04 风机与空气处理设备安装,05 风管与设备防腐,06 旋流风口、岗位送风口、织物(布)风管安装,07 系统调试
	02 排风系统	01 风管与配件制作,02 部件制作,03 风管系统安装,04 风机与空气处理设备安装,05 风管与设备防腐,06 吸风罩及其他空气处理设备安装,07 厨房、卫生间排风系统安装,08 系统调试
	03 防、排烟系统	01 风管与配件制作,02 部件制作,03 风管系统安装,04 风机与空气处理设备安装,05 风管与设备防腐,06 排烟风阀(口)、常闭正压风口、防火风管安装,07 系统调试
	04 除尘系统	01 风管与配件制作,02 部件制作,03 风管系统安装,04 风机与空气处理设备安装,05 风管与设备防腐,06 除尘器与排污设备安装,07 吸尘罩安装,08 高温风管绝热,09 系统调试

续表B.0.1

分部工程代号及名称	子分部工程代号及名称	分项工程代号及名称
06 通风与空调	05 舒适性空调风系统	01 风管与配件制作,02 部件制作,03 风管系统安装,04 风机与组合式空调机组安装,05 消声器、静电除尘器、换热器、紫外线灭菌器等设备安装,06 风机盘管、变风量与定风量送风装置、射流喷口等末端设备安装,07 风管与设备绝热,08 系统调试
	06 恒温恒湿空调风系统	01 风管与配件制作,02 部件制作,03 风管系统安装,04 风机与组合式空调机组安装,05 电加热器、加湿器等设备安装,06 精密空调机组安装,07 风管与设备绝热,08 系统调试
	07 净化空调风系统	01 风管与配件制作,02 部件制作,03 风管系统安装,04 风机与净化空调机组安装,05 消声器、换热器等设备安装,06 中、高效过滤器及风机过滤器单元等末端设备安装,07 风管与设备绝热,08 洁净度测试,09 系统调试
	08 地下人防通风系统	01 风管与配件制作,02 部件制作,03 风管系统安装,04 风机与空气处理设备安装,05 过滤吸收器、防爆波活门、防爆超压排气活门等专用设备安装,06 风管与设备防腐,07 系统调试
	09 真空吸尘系统	01 风管与配件制作,02 部件制作,03 风管系统安装,04 管道快速接口安装,05 风机与滤尘设备安装,06 风管与设备防腐,07 系统压力试验及调试
	10 冷凝水系统	01 管道系统及部件安装,02 水泵及附属设备安装,03 管道冲洗,04 管道、设备防腐,05 板式热交换器,06 辐射板与辐射供热、供冷地埋管,07 热泵机组设备安装,08 管道、设备绝热,09 系统压力试验与调试
	11 空调(冷、热)水系统	01 管道系统及部件安装,02 水泵及附属设备安装,03 管道冲洗与管内防腐,04 板式热交换器,05 辐射板与辐射供热、供冷地埋管安装,06 热泵机组安装,07 管道、设备防腐与绝热,08 系统压力试验及调试
	12 冷却水系统	01 管道系统及部件安装,02 水泵及附属设备安装,03 管道冲洗与管内防腐,04 冷却塔与水处理设备安装,05 防冻伴热设备安装,06 管道、设备防腐与绝热,07 系统压力试验及调试

续表B.0.1

分部工程代号及名称	子分部工程代号及名称	分项工程代号及名称
06 通风与空调	13 冷凝水系统	01 管道系统及部件安装，02 水泵及附属设备安装，03 管道、设备防腐与绝热，04 管道冲洗，05 系统灌水渗漏及排放试验
	14 土壤源热泵换热系统	01 管道系统及部件安装，02 水泵及附属设备安装，03 管道冲洗，04 埋地换热系统与管网安装，05 管道、设备防腐与绝热，06 系统压力试验及调试
	15 水源热泵换热系统	01 管道系统及部件安装，02 水泵及附属设备安装，03 管道冲洗，04 地表水源换热管及管网安装，05 除垢设备安装，06 管道、设备防腐与绝热，07 系统压力试验及调试
	16 蓄能(水、冰)系统	01 管道系统及部件安装，02 水泵及附属设备安装，03 管道冲洗与管内防腐，04 蓄水罐与蓄冰槽、罐安装，05 管道、设备防腐与绝热，06 系统压力试验及调试
	17 压缩式制冷(热)设备	01 制冷机组及附属设备安装，02 制冷剂管道及部件安装，03 制冷剂灌注，04 管道、设备防腐与绝热，05 系统压力试验及调试
	18 吸收式制冷设备系统	01 制冷机组及附属设备安装，02 系统真空试验，03 溴化锂溶液加灌，04 蒸汽管道系统安装，05 燃气或燃油设备安装，06 管道、设备防腐与绝热，07 系统压力试验及调试
	19 多联机(热泵)空调系统	01 室外机组安装，02 室内机组安装，03 制冷剂管路连接及控制开关安装，04 风管安装，05 冷凝水管道安装，06 制冷剂灌注，07 系统压力试验及调试
	20 太阳能供暖空调系统	01 太阳能集热器安装，02 其他辅助能源、换热设备安装，03 蓄能水箱、管道及配件安装，04 低温热水地板辐射采暖系统安装，05 管道及设备防腐与绝热，06 系统压力试验及调试
	21 设备自控系统	01 温度、压力与流量传感器安装，02 执行机构安装调试，03 防排烟系统功能测试，04 自动控制及系统智能控制软件调试

续表B.0.1

分部工程代号及名称	子分部工程代号及名称	分项工程代号及名称
07 建筑电气	01 室外电气	01 变压器、箱式变电所安装，02 成套配电柜、控制柜（台、箱）和配电箱（盘）安装，03 梯架、托盘和槽盒安装，04 导管敷设，05 电缆敷设，06 管内穿线和槽盒内敷线，07 电缆头制作、导线连接和线路绝缘测试，08 普通灯具安装，09 专用灯具安装，10 建筑物照明通电试运行，11 接地装置安装
	02 变配电室	01 变压器、箱式变电所安装，02 成套配电柜、控制柜（台、箱）和配电箱（盘）安装，03 母线槽安装，04 梯架、托盘和槽盒安装，05 电缆敷设，06 电缆头制作、导线连接和线路绝缘测试，07 接地装置安装，08 接地干线敷设
	03 供电干线	01 电气设备试验和试运行，02 母线槽安装，03 梯架、托盘和槽盒安装，04 导管敷设，05 电缆敷设，06 管内穿线和槽盒内敷线，07 电缆头制作、导线连接和线路绝缘测试，08 接地干线敷设
	04 电气动力	01 成套配电柜、控制柜（台、箱）和配电箱（盘）安装，02 电动机、电加热器及电动执行机构检查接线，03 电气设备试验和试运行，04 母线槽安装，05 梯架、托盘和槽盒安装，06 导管敷设，07 电缆敷设，08 管内穿线和槽盒内敷线，09 电缆头制作、导线连接和线路绝缘测试，10 开关、插座、风扇安装
	05 电气照明	01 成套配电柜、控制柜（台、箱）和配电箱（盘）安装，02 母线槽安装，03 梯架、托盘和槽盒安装，04 导管敷设，05 电缆敷设，06 管内穿线和槽盒内敷线，07 塑料护套线直敷布线，08 钢索配线，09 电缆头制作、导线连接和线路绝缘测试，10 普通灯具安装，11 专用灯具安装，12 开关、插座、风扇安装，13 建筑物照明通电试运行
	06 自备电源	01 成套配电柜、控制柜（台、箱）和配电箱（盘）安装，02 柴油发电机组安装，03 UPS 及 EPS 安装，04 母线槽安装，05 梯架、托盘和槽盒安装，06 导管敷设，07 电缆敷设，08 管内穿线和槽盒内敷线，09 电缆头制作、导线连接和线路绝缘测试，10 接地装置安装
	07 防雷及接地	01 接地装置安装，02 防雷引下线及接闪器安装，03 建筑物等电位连接

续表B.0.1

分部工程代号及名称	子分部工程代号及名称	分项工程代号及名称
08 智能建筑	01 智能化集成系统	01 设备安装,02 软件安装,03 接口及系统调试,04 试运行
	02 信息接入系统	01 安装场地检查
	03 用户电话交换系统	01 线缆敷设,02 设备安装,03 软件安装,04 接口及系统调试,05 试运行
	04 信息网络系统	01 计算机网络设备安装,02 计算机网络软件安装,03 网络安全设备安装,04 网络安全软件安装,05 系统调试,06 试运行
	05 综合布线系统	01 梯架、托盘、槽盒和导管安装,02 线缆敷设,03 机柜、机架、配线架安装,04 信息插座安装,05 链路或信道测试,06 软件安装,07 系统调试,08 试运行
	06 移动通信室内信号覆盖系统	01 安装场地检查
	07 卫星通信系统	01 安装场地检查
	08 有线电视及卫星电视接收系统	01 梯架、托盘、槽盒和导管安装,02 线缆敷设,03 设备安装,04 软件安装,05 系统调试,06 试运行
	09 公共广播系统	01 梯架、托盘、槽盒和导管安装,02 线缆敷设,03 设备安装,04 软件安装,05 系统调试,06 试运行
	10 会议系统	01 梯架、托盘、槽盒和导管安装,02 线缆敷设,03 设备安装,04 软件安装,05 系统调试,06 试运行
	11 信息导引及发布系统	01 梯架、托盘、槽盒和导管安装,02 线缆敷设,03 显示设备安装,04 机房设备安装,05 软件安装,06 系统调试,07 试运行
	12 时钟系统	01 梯架、托盘、槽盒和导管安装,02 线缆敷设,03 设备安装,04 软件安装,05 系统调试,06 试运行
	13 信息化应用系统	01 梯架、托盘、槽盒和导管安装,02 线缆敷设,03 设备安装,04 软件安装,05 系统调试,06 试运行

续表B.0.1

分部工程代号及名称	子分部工程代号及名称	分项工程代号及名称
08 智能建筑	14 建筑设备监控系统	01 梯架、托盘、槽盒和导管安装，02 线缆敷设，03 传感器安装，04 执行器安装，05 控制器、箱安装，06 中央管理工作站和操作分站设备安装，07 软件安装，08 系统调试，09 试运行
	15 火灾自动报警系统	01 梯架、托盘、槽盒和导管安装，02 线缆敷设，03 探测器类设备安装，04 控制器类设备安装，05 其他设备安装，06 软件安装，07 系统调试，08 试运行
	16 安全技术防范系统	01 梯架、托盘、槽盒和导管安装，02 线缆敷设，03 设备安装，04 软件安装，05 系统调试，06 试运行
	17 应急响应系统	01 设备安装，02 软件安装，03 系统调试，04 试运行
	18 机房	01 供配电系统，02 防雷与接地系统，03 空气调节系统，04 给水排水系统，05 综合布线系统，06 监控与安全防范系统，07 消防系统，08 室内装饰装修，09 电磁屏蔽，10 系统调试，11 试运行
	19 防雷与接地	01 接地装置，02 接地线，03 等电位联接，04 屏蔽设施，05 电涌保护器，06 线缆敷设，07 系统调试，08 试运行
09 建筑节能	01 围护结构节能	01 墙体节能，02 幕墙节能，03 门窗节能，04 屋面节能，05 地面节能
	02 供暖空调节能	01 供暖节能，02 通风与空调节能，03 冷热源及管网节能
	03 配电照明节能	01 配电与照明节能
	04 监测控制节能	01 监测与控制节能
	05 可再生能源	01 地源热泵换热系统节能，02 太阳能光热系统节能，03 太阳能光伏节能

续表B.0.1

分部工程代号及名称	子分部工程代号及名称	分项工程代号及名称
10 电梯	01 电力驱动的曳引式或强制式电梯	01 设备进场验收,02 土建交接检验,03 驱动主机,04 导轨,05 门系统,03 轿厢,07 对重,08 安全部件,09 悬挂装置,10 随行电缆,11 补偿装置,12 电气装置,13 整机安装验收
	02 液压电梯	01 设备进场验收,02 土建交接检验,03 液压系统,04 导轨,05 门系统,06 轿厢,07 对重,08 安全部件,09 悬挂装置,10 随行电缆,11 电气装置,12 整机安装验收
	03 自动扶梯,自动人行道	01 设备进场验收,02 土建交接检验,03 整机安装验收

注:国家规范对建筑工程的分部(子分部)工程、分项工程的划分出现更新时,相关划分与代号应同步修正执行。

B.0.2 室外单位(子单位)工程和分部工程可按表 B.0.2 划分。

表 B.0.2 室外单位(子单位)工程和分部工程划分及代号

单位工程名称	子单位工程名称	分部(子分部)工程代号及名称
室外建筑环境	附属建筑	01 车棚,02 围墙大门挡土墙垃圾收集站
	室外环境	01 建筑小品,02 道路,03 亭台,04 连廊,05 花坛,06 场坪绿化
室外安装	给排水与采暖	01 室外给水系统,02 室外排水系统,03 室外供热系统
	电气	01 室外供电系统,02 室外照明系统

附录C 建筑工程施工质量资料盖章类型一览表

表C 建筑工程施工质量资料盖章类型一览表

序号	资料名称	盖章类型
A册	施工组织设计资料	
1	施工组织设计审批表	公章
2	施工组织设计修改审批表	公章
3	施工组织设计	公章
B册	施工技术管理资料	
1	设计交底纪要	项目章
2	图纸会审纪要	项目章
3	技术核定单	项目章/技术专用章
4	设计修改通知单	出图专用章
5	设计变更依据性文件对照表	项目章/技术专用章
6	施工现场质量管理检查记录	—
7	建设工程开工报告	公章
8	建设工程复工报告	公章
9	建设工程竣工报告	公章
10	工程质量一般事故报告	公章
11	工程质量重大事故报告	公章
12	工程质量保修书	公章
13	施工日志	—
14	地基验槽记录	公章
15	建筑工程沉降观测点、基准点、专用水准点平面位置布置图	项目章
16	建(构)工程测量复核单	项目章

续表C

序号	资料名称	盖章类型
17	建(构)筑物沉降观测成果	项目章
18	垂直测量成果表	项目章
19	隐蔽工程验收记录	项目章/技术专用章
20	工程技术复核单	—
21	施工记录	项目章
22	规范、标准规定的其他内容	—
C册	工程质量保证资料	
1	质量证明资料	项目章
2	检测(试验)资料	项目章
3	规范、标准规定的其他内容	—
D册	工程质量验收资料	
1	单位(子单位)工程质量竣工验收记录	公章
2	单位(子单位)工程质量控制资料核查记录	公章
3	单位(子单位)工程安全和功能检验资料核查和主要功能抽查记录	公章
4	单位(子单位)工程观感质量检查记录	公章
5	分部(子分部)工程质量验收记录	公章
6	分项工程质量验收记录	—
7	检验批质量验收记录	—
8	住宅工程质量分户验收记录	公章
9	施工单位工程质量竣工报告(合格证明书)	公章
10	规范、标准规定的其他内容	—
E册	竣工图	
1	竣工图	竣工图章

注:1　盖章类型为“公章”的指参建单位应加盖相应的单位公章。

2　盖章类型为“项目章/技术专用章”的指施工单位、监理单位、建设单位、勘察单位应盖相应的项目章,设计单位盖技术专用章。

3　盖章类型为“—”的指本项资料无需加盖印章。

本标准用词说明

1 为便于在执行本标准条文时区别对待，对要求严格程度不同的用词说明如下：

1） 表示很严格，非这样做不可的用词：

正面词采用“必须”；

反面词采用“严禁”。

2） 表示严格，在正常情况下均应这样做的用词：

正面词采用“应”；

反面词采用“不应”或“不得”。

3） 表示允许稍有选择，在条件许可时首先应这样做的用词：

正面词采用“宜”；

反面词用采用“不宜”。

4） 表示有选择，在一定条件下可以这样做的用词，采用“可”。

2 条文中指明应按其他有关标准执行的写法为“应符合……的规定”或“应按……执行。”

引用标准名录

1 《建设工程施工质量验收统一标准》GB 50300

2 《建筑施工组织设计规范》GB/T 50502

3 《建设工程文件归档规范》GB/T 50328

4 《建设电子档案元数据标准》CJJ/T 187

5 《建设项目(工程)竣工档案编制技术规范》DG/TJ 08—2046

上海市工程建设规范

建筑工程施工质量资料管理标准

DG/TJ 08—2379—2021
J 15915—2021

条 文 说 明

2022　上海

目　次

Contents

1 总 则

1.0.1 随着标准的更新，新技术、新工艺的引入，建筑施工技术和管理要求的逐步发展，现有施工质量资料管理体系逐渐无法满足实际需要。

一方面为了将原先的施工质量资料管理的政策文件全面推进至标准层面，另一方面为了更好地规范施工质量资料的管理行为，促进施工质量资料管理工作的标准化、规范化、程序化和电子化；特结合本市实际情况，编制了本标准。

本标准的编制充分响应优化营商环境政策，以进一步优化施工单位、监理单位、建设单位管理要求和城建档案馆的归档要求。

本标准中施工质量资料电子化管理的编制围绕“为适应本市施工质量资料信息化发展的需要，建立真实、完整、有效、安全的工程电子文件，规范参建单位对建设工程电子文件的管理行为，保障工程电子文件和电子档案的安全保管与有效开发利用”展开。

1.0.2 本标准适用于建筑工程施工质量资料的填写、编制、审核、审批、收集、整理、组卷、归档及移交全过程。室外总体工程的施工质量资料参照建筑工程进行编制、收集、整理与归档。

建筑工程中涉及的监理资料、民防资料以及安全资料等，不纳入本标准编制范围内。民防工程的施工质量资料应根据相关主管部门要求进行收集整理；施工安全资料仅针对施工过程中的安全控制与管理，已有专门的法规和标准规范其要求，故本标准主要针对施工质量资料的管理要求，不涉及施工安全资料的管理。

1.0.3 本条阐述了本标准与其他现行有关标准的关系，本标准主要给出施工质量资料管理要求，在资料形成过程中，尚需遵守相关国家和地方标准。涉及施工质量资料管理的要求，当国家和地方现行标准中没有规定、规定不明确或规定不一致的，本标准有明确规定时，应按本标准的规定执行。

本标准规定了建筑工程施工质量资料管理的基本要求。当标准与国家法律、行政法规相抵触时，应按国家法律、行政法规的规定执行。

2 术 语

2.0.1～2.0.11 本章给出的术语在本标准有关章节中使用。在编写时，参考了国家现行标准中的相关术语。本标准的术语从施工质量资料管理角度赋予其含义，当在本标准范围之外时，应探讨其是否适用并正确。本标准给出的术语英文翻译，仅供参考。

2.0.2 施工质量资料包括以纸质、照片、录音录像带、光盘、硬盘等载体形式的各种文件记录。

施工质量资料的作用主要包括以下方面：

1 是控制工程质量达到设计与规范规定或说明工程质量的证明材料。

2 是工程交付验收的依据。

3 是工程维修、扩建、改建、更新和使用的重要依据。

4 是申报科技示范工程、优质工程必不可少的材料。

5 是反映企业管理水平、技术水平的重要窗口。

6 是工程质量终身制的重要组成部分。

2.0.9 电子签章泛指所有以电子形式存在，依附于电子文件并与其逻辑关联，可用以辨识电子文件签署者身份，保证文件的完整性，并表示签署者同意电子文件所陈述事实内容的数据。其本质上是一种数字认证、电子签名的技术。个人电子印章包含各类国家注册类证书对应执业印章的电子印章。

3 基本规定

3.0.1 施工质量资料与建筑工程施工过程同步形成是保证施工质量资料真实性的必要手段。“同步”的含义是“共同推进”或“及时跟进”,即工程建设进展到哪个环节,施工质量资料的形成与管理就应当跟进到哪个环节。只有这样,才能够使资料的真实性得到基本保证,发挥资料在工程建设过程中的作用,起到提高建筑工程管理水平,规范建筑施工质量资料管理,从而保证工程质量的目的。

另外,“同步”与“同时”有所区别,本条所要求的“同步”,并不是非常严格的“同时”,而是要求施工质量资料与工程进度应保持对应、及时形成。

3.0.5 施工质量资料的真实性是指,资料是在工程施工过程中形成的原始依据,是施工过程和结果的真实、准确反映;完整性是指应形成和归档的一切施工质量资料包括图纸和文字资料等均齐全完整,没有遗失遗漏现象;有效性是指资料应真实、齐全、具有法律效力,尤其体现在相关签名、印章的有效性上。

工程建设是一个复杂过程,参与工程建设的单位很多,有材料供应单位,有预拌混凝土、预制构件等产品或半成品加工企业,有预应力、钢结构、幕墙等专业施工单位,有施工总承包单位、检测、监测机构等单位。每个单位都有各自的施工质量资料,有的资料由 2 个以上单位共同形成时,其责任划分的基本原则是各负其责,保证各自施工质量资料的真实、准确、完整、有效。

3.0.6 相关人员未签字、单位未盖章或字迹模糊不清的施工质量资料留存的价值和意义不大。根据施工质量资料不同特性和表格的要求,需要签字时签字,需要盖章时盖章。施工质量资料除有明确要求须加盖单位公章外,根据规定和需要加盖项目机构的印章或其他专用章；具体盖章类型应按照本标准附录C的规定执行，本标准未规定的，应根据其他相关规定和实际情况确定。

由于工程建设规模大，跨越时间长，事后形成的资料有可能记录不全面，有的甚至故意掩盖施工过程的真实情况，针对目前部分工程项目的资料有涂改、伪造、故意抽撤、替换等现象，本条明确规定“严禁伪造或擅自撤换”。

施工质量资料应内容完整，是要求资料中对其有效性、有决定性影响的项目和内容填写齐全，不应空缺。施工质量资料应结论明确，是指当资料中需要给出结论时，例如某些检验报告中的“检验结果”或验收记录中的“验收意见”，应按照相关设计或标准要求给出明确结论，不应填写成“基本合格”“已验收”“未发现异常”等不确切词语。施工质量资料应签认手续齐全，是指应该在资料上签字、审核、审批、盖章的相关人员和单位应及时签认，严禁出现空缺、代签、补签或代章等。

3.0.7 具有可追溯性，是指施工质量资料及资料上的数据、结论等应能够追溯到其来源或依据，以便必要时对其真实性、正确性进行核实。

3.0.8 施工质量资料使用原件是本标准的基本要求。原件能够真实反映资料的原始内容，使资料的真实性得到有效保证。对于C册资料允许使用复印件。使用复印件的相关资料应有复印件标识。

“提供单位应对资料的真实性负责”，旨在保持复印件便利性的前提下，最大限度地提高复印件的可靠性。同时，复印件提供单位应注明原件存放处。复印件的具体盖章类型要求如下：

1 由参建单位编制的施工质量资料，复印件加盖的印章应与原件加盖的印章保持一致。原件加盖单位公章的，复印件也应加盖单位公章；原件加盖项目章的，复印件也应加盖项目章。

2 由材料、构配件和设备供应商提供的相关资料，复印件应加盖施工单位项目章。

3.0.9 本条对施工质量资料做出相关规定，是为了确保电子文件的主导性以及推进电子文件的使用，保证相关资料内容的一致。对按规定需要采用电子文件格式的施工质量资料，不得使用纸质文件编制、审批；但在电子文件形成后可以将电子文件打印成纸质用于查看、使用；对可使用纸质文件编制、审批的施工质量资料，不做此类要求，同时可以对完成的纸质文件进行扫描，保存为扫描件；扫描件的作用是为日常管理的提供便捷，并不等同于纸质文件的效力。

3.0.10 本标准推广施工质量资料信息化管理。建筑业信息化是建筑业发展战略的重要组成部分，也是建筑业转型升级、提质增效、节能减排的必然要求，需加快推动信息技术与建筑业发展深度融合，着力增强计算机、互联网、BIM、大数据、人工智能、移动通信、云计算、物联网等信息技术集成应用能力，建设完善工程项目数字化档案管理信息系统，探索建立数字化交付和电子签章等相关制度。目前，本市已基本实现了施工质量资料的软件化编制，大型骨干施工企业已普遍使用了电子文件管理系统，实现了项目现场编制施工质量资料、资料在线同步上传、企业实时检查等管理功能，提高了企业施工质量资料的管理水平。

施工质量资料填报工作集中于施工单位项目部，各类检验批、施工记录等表样繁杂，填写数量巨大，没有软件或系统的辅助很难完成资料填报工作。电子文件管理系统的合理应用可以解决较多表式应用不规范的问题，其作用主要体现在模板的选择、表格的编辑、填写示范、数据计算、汇总统计及成果输出等功能，可以实现管理效率、管理质量的显著提高；同时伴随计算机技术的高速发展、施工质量资料管理要求的不断提高；全面覆盖电子文件管理系统是必然趋势。

电子文件管理系统的操作过程中，参建单位还应密切关注表单的正确选用、表单的及时更新等方面，确保电子文件管理系统的合理使用。

4 管理职责

4.0.1 参建单位是指参与工程建设的建设、勘察、设计、监理、施工、检测(试验)等单位。

4.0.2 本条规定是为了明确建设单位的职责。在工程竣工后,施工质量资料将移交给建设单位,建设单位是施工质量资料的管理与使用者,是施工质量资料管理的第一责任单位。

依据现行国家标准《建筑工程施工质量验收统一标准》GB 50300 提出的要求,即使建设单位未委托监理单位对工程项目实施监理,但并不是取消监理职责,此时建设单位应委派相关人员,履行本标准涉及的施工质量资料形成、报审、报验、审查、核准、签署以及加盖印章等监理职责,其相应的责任也应由建设单位及其相关人员承担。

4.0.3, 4.0.4 施工单位的资料员应通过国家相关部门组织的岗位资格考试,取得相应的证书后方能担任相关岗位的工作。其他参建单位应组织资料管理人员参加外部或内部培训,确保相关人员的资料管理水平满足工程管理需要。

施工总包单位与施工分包单位之间有关施工质量资料的责任关系依照本条执行。当采用工程总承包模式或其他模式时,承担施工任务的单位可参照本节相关职责履行施工质量资料的管理职责。

4.0.6 检测(试验)结果利害关系人对检测(试验)结果发生争议的,由双方共同认可的检测(试验)机构复检,复检结果由提出复检方报当地建设主管部门备案。

在施工质量资料管理过程中,有时存在资料提交或签署不及时的现象,影响工程进度。本条规定需要参建单位签字的资料“应及时审核并签署意见”，其含义为“当有合同约定时，应执行合同约定；当合同未约定时，应以不影响工程进度为前提”。

5 分类与编号

5.1 分 类

5.1.1 建筑工程施工质量资料可优先划分为建筑工程、安装工程两个分册；同时考虑到分部(子分部)、分项工程中桩基工程、围护工程、装饰装修工程、装配式工程、钢结构工程、幕墙工程、智能建筑工程、建筑节能工程、电梯工程的专业性比较强，新技术、新工艺的运用比较广泛，且由专业队伍施工，装饰装修工程涉及材料丰富，施工方法广泛，因此，这九类工程可根据需要单独编制成册。

施工质量资料分册代号应符合下列规定：

1 建筑工程，代号为建筑。

2 安装工程，代号为安装。

3 桩基工程，代号为桩基。

4 围护工程，代号为围护。

5 装饰装修工程，代号为装饰。

6 装配式工程，代号为装配式。

7 钢结构工程，代号为钢结构。

8 幕墙工程，代号为幕墙。

9 智能建筑工程，代号为智能。

10 建筑节能工程，代号为节能。

11 电梯工程，代号为电梯。

5.1.2 《上海市建筑安装工程质量竣工资料》(沪建建管〔2003〕第177号)共分为A、B、C、D四类资料，现阶段为了更好地加强对竣工图的归档与电子化管理，本标准将竣工图单独列入E类。本标准最终根据施工质量资料的属性、特点以及政府部门的管理要求，将其划分为施工组织设计资料、施工技术管理资料、工程质量保证资料、工程质量验收资料和竣工图五类，并用A、B、C、D、E作为分类代号。

5.2 编 号

5.2.2 施工质量资料的编号包括一级编号和二级编号。

1 一级编号示例见表1。

表1 施工质量资料编号示意

序号	名称	编号
1	技术核定单（工程洽商记录）	建筑 B—2—001 ①②③④

①——分册代号；
②——分类代号；
③——顺序号，应参照本标准附录A分类顺序的规定执行；
④——同类资料顺序号，同类资料只有一份时，无需该编号。

2 二级编号示例见表2。

表2 施工质量资料编号示意

序号	名称	编号
1	主体钢筋加工、安装分项工程质量验收记录	建筑 D—6 020106 ①②③
2	模板安装工程检验批质量验收记录	建筑 D—7 01010601001 ①②③④⑤

①——分部工程代号，共2位，应按本标准附录B的规定执行；
②——子分部工程代号，共2位，应按本标准附录B的规定执行；
③——分项工程代号，共2位，应按照附录B中分项工程名称依次排序；
④——检验批代号，共2位，应按照检验批名称依次排序，不涉及检验批时，无需该编号；
⑤——同类资料顺序号，宜3位，同类资料只有一份时，无需该编号。

3　涉及分部(子分部)、分项工程及检验批的资料,同类资料顺序号标注在二级编号末尾,一级编号中不再使用同类资料顺序号。

5.2.3　施工质量资料有多种来源且种类繁多,对其进行科学、规范的编号,其目的是便于整理、组卷、查找、利用。应进行二级编号的施工质量资料,一级编号和二级编号共同组成唯一性编号,缺一不可。

6 内容与要求

6.1 一般规定

6.1.1 施工质量资料的报验、报审及验收、审批时限对施工质量资料的完成质量有一定程度的影响。工程合同中应约定工程报验、报审的申报时间及审批时间，并约定相应违约责任。无论是纸质文件还是电子文件，都应在要求时限内完成报审及审批。

6.1.2 2002 年 12 月 5 日，人事部、建设部联合印发了《建造师执业资格制度暂行规定》(人发〔2002〕111 号)，规定必须取得建造师资格并经注册，方能担任建设工程项目总承包及施工管理的项目施工负责人。执行注册建造师签章制度一方面是为了积极响应工程质量责任追溯制度，保证工程建设管理责任的可追溯；另一方面是工程岗位责任制的一部分，是相关工程岗位的义务和责任。

施工单位、监理单位应参照《关于印发〈注册建造师施工管理签章文件目录〉(试行)的通知》的文件资料明细及现行国家标准《建设工程监理规范》GB/T 50319 执行注册师签章制度。

除注册建造师外，建设工程中还有注册建筑师、注册结构工程师、注册监理工程师等多类注册师，相关注册师均应实行相应签章制度。

6.1.3 本条对施工质量资料的形成要求做出规定。“施工质量资料不得随意修改”是指原则上施工质量资料不应进行修改，以保证施工质量资料的真实性。但对于纸质文件，有时由于笔误等原因需要对资料的个别内容进行更正，本条规定此时应执行划改(也称“杠改”)，划改人应签署并承担责任。施工质量资料在修改时的审批人应与该文件原审批人一致。

6.2 施工组织设计资料

6.2.1 施工组织设计是以施工项目为对象编制的、用以指导施工的技术、经济和管理的综合性文件。

施工组织总设计是全面的总体施工部署和方法的设计、总概括，单位工程施工组织设计与之相比，更加详细、更具体化，施工方案的内容重点转为具体化。

施工组织总设计包括整个工程的各单位工程。单位工程施工组织设计针对其一个单位工程。专项施工方案针对一些主要工程项目和特殊分项工程项目，这些项目通常是建设项目中工程量大、施工难度大、工期长、在整个建设项目中起关键作用的单位工程项目或影响全局的特殊分项工程。

施工组织设计还可以按照编制阶段的不同，分别编制投标阶段施工织设计、实施阶段施工组织设计，更加强调可操作性、针对性，同时鼓励企业技术创新。工程建设中，施工组织总设计、单位工程施工组织设计及施工方案根据施工合同以及工程建设的实际情况进行编制。

6.2.2 施工组织设计的编制和审批应符合下列规定：

1 施工组织设计应由项目负责人主持编制，可根据需要分阶段编制和审批。

2 施工组织总设计应由总承包单位技术负责人审批；单位工程施工组织设计应由施工单位技术负责人或其授权的技术人员审批；施工方案应由项目技术负责人审批；重点、难点分部（分项）工程或专项工程施工方案应由施工单位技术部门组织相关专家评审，施工单位技术负责人批准。

3 由专业承包单位施工的分部（分项）工程或专项工程的施工方案，应由专业承包单位技术负责人或其授权的技术人员审批；有总承包单位时，需总承包单位项目技术负责人核准备案。

4　规模较大的分部(分项)工程或专项工程的施工方案应按单位工程施工组织设计进行编制和审批。

6.3　施工技术管理资料

6.3.1　技术资料是在施工过程中形成的,用以指导施工的技术文件及反映工程变更情况的各种资料的总称。管理资料是在施工过程中反映质量管理工作、流程和审批手续等情况资料的统称。

6.3.3　对施工单位急需的重要图纸也可提前设计交底与图纸会审,但在所有成套图纸到齐后需再统一设计交底与图纸会审。对这种分次设计交底与图纸会审的,纪要整理时应确保一一对应与齐全,不可遗漏。对图纸会审过程中发现的问题,设计单位应有明确处理意见,并书面记录在纪要中。

6.3.9　工程施工过程中未停工的,在复工报告中可标注为:本工程自××××年××月××日开工至××××年××月××日竣工中途未停工。

6.3.10　工程质量事故是指由于建设管理、监理、勘测、设计、咨询、施工、材料、设备等原因造成工程质量不符合规程、规范和合同规定的质量标准,影响使用寿命和对工程安全运行造成隐患及危害的事件。工程质量事故报告填写应包含以下内容:

1　质量事故发生的时间、地点、工程项目、施工单位名称。

2　事故发生的简要经过、事故的性质、伤亡人数和直接经济损失的初步估计。

3　事故发生的原因判断。

4　事故发生后采取的技术措施及事故控制的情况。

6.3.12　施工日志记录的主要内容通常包括当日气象、施工部位与内容、施工中出现的重要情况、主要材料设备构配件及大型机械进出场情况、验收及重要的质量安全活动、施工分包单位进退场情况等。

6.3.13 测量记录、检查记录与施工记录的具体含义如下：

1 测量记录是在施工过程中确保建筑物位置、尺寸、标高、变形量等符合设计要求和规范规定的各种测量成果记录的统称。如：地基验槽记录，建筑工程沉降观测点、基准点、专用水准点平面位置布置图，建（构）工程测量复核单，建（构）筑物沉降观测成果和垂直测量成果表等。

2 检查记录是施工单位、监理单位等多方参建单位共同参与检查形成的记录。如隐蔽工程验收记录、工程技术复核单、泼水检查记录、节能保温测试记录、管道系统压力试验记录、电梯电气装置安装检查记录等资料。

3 施工记录是施工单位在施工过程中形成的，为保证工程质量和安全的各种内部检查记录的统称。

6.4 工程质量保证资料

6.4.1 质量证明资料是反映施工所用材料、构配件及设备的质量和性能是否符合设计和使用要求的证明资料的统称。

材料、构配件及设备进场复验一般分为三个环节。首先是外观检查，然后是质量证明文件检查，最后是进场后按照相关规定进行第三方检测机构检测（试验），合格后报监理核准，方可使用。质量证明资料的收集与编制围绕这三个环节同步开展。

检测（试验）资料是按照设计及国家、地方规范标准的要求，在施工过程中进行的各种检测及测试资料的统称。

6.4.3 产品质量合格证、型式检验报告、性能检测报告、生产许可证、商检证明、中国强制认证（CCC）证书、计量设备检定证书等均属质量证明文件。

6.4.5 本条给出了检测（试验）资料的基本规定。国家规范、标准中要求的各种施工试验应有施工试验报告；没有专用试验报告表格的，可使用通用试验表格。

6.5 工程质量验收资料

6.5.1 竣工质量验收资料是指工程竣工时应具备的各种质量验收资料。过程质量验收资料指参与工程建设的有关单位根据相关规范、标准对工程质量是否达到合格做出确认的各种文件的统称。

6.5.5 工程中出现部分施工质量验收资料不全，使工程无法正常验收的，应由具有相应资质的检测机构进行实体检测或抽样试样，以确定工程质量状况，并出具检验报告，作为过程质量验收资料的补充。

6.6 竣工图

6.6.1 本条从管理要求角度对竣工图的编制提出了要求。竣工图应与工程实际情况一致，保证竣工图后期利用的准确性。无论是哪种形式形成的竣工图，均应加盖竣工图章。

6.6.2 PDF 是 Portable Document Format 的缩写，是用于与应用程序、操作系统、硬件无关的方式进行文件交换所发展出的文件格式。

竣工图电子文件的交付格式是 PDF 格式，在管理过程中根据需要可以使用其他格式的竣工图电子文件，但需要注意文件版本与内容的一致性，以避免引起图纸误差。

6.6.3 竣工图是重要的工程档案，是工程维修、加固、改造以及灾后鉴定的重要依据。建设单位是竣工图的管理和使用者，组织编制竣工图是建设单位的责任。

7 电子化管理

7.1 一般规定

7.1.1 不同类型的施工质量资料分类与要求不同，主要涉及电子文件格式、电子签章、命名规则和文件设置等。应严格按照平台要求上传电子文件，尤其是质量验收文件以及竣工图等资料；对不符合规则要求的，应及时修正后上传。

7.1.2 电子文件的质量要求从两方面展开：一方面是内容的要求；另一方面是电子文件类型、格式的要求。经纸质文件形成的PDF 扫描件不属于有效的电子文件。

真实性是指文件内容、结构和背景信息经过传输、迁移等处理后依然保持不变，与形成时的原始状态一致。真实性是保证工程电子文件行政有效性和法律证据性的基础，是工程电子文件反映建设活动历史面貌，构成社会价值，得以作为社会记忆长久保存的前提。

确保电子文件的真实性操作主要包括：电子文件生成过程的不同版本、各责任者的签署手续，操作处理的权限核对、交接程序审核等。

有效性是指电子文件应具备的可理解性、可被利用性、信息的可识别性、存储系统的可靠性、载体的完好性和兼容性等。有效性是电子文件信息存在和发挥作用的基础条件。

完整性是工程电子文件价值的重要保障。电子文件的完整性包括两个方面的含义：一是作为建设工程建设活动真实面貌的、具有有机关联的工程电子文件及其他形式的相关文件数量齐全；二是每一份电子文件的内容、结构和背景信息没有缺损。电子签章对电子文件的完整性保证主要是第二个方面的含义。

《中华人民共和国电子签名法》(2019 年修订)第 14 条规定,可靠的电子签名与手写签字具有同等法律效力。同时,第 13 条规定,电子签名同时符合下列条件的,才可视为可靠的电子签名:

① 电子签名制作数据用于电子签名时,属于电子签名人专有;

② 签署时电子签名制作数据仅由电子签名人控制;

③ 签署后对电子签名的任何改动能够被发现;

④ 签署后对数据电文内容和形式的任何改动能够被发现。

电子文件固化是为避免电子文件的内容、结构、背景信息等存在的因动态因素造成信息缺损的现象,将其转换为一种相对稳定、不可逆的只读方式的过程。

7.1.3 参建单位应将电子文件的形成、收集、积累、整理和归档纳入工程建设管理的各个环节和相关人员的职责范围,明确电子文件和电子档案的管理职责。

建立电子签章信息,录入单位和人员信息可在政府相关部门数据平台实现。若已经在平台中注册的,可直接提取相关信息。

电子文件的整理是指按照一定的原则,对电子文件进行挑选、分类、组合、排列、编目、著录,使之有序化的过程。

7.1.4 电子文件管理系统是用于完成施工质量资料电子文件的规范填写、全面收集、系统整理,以及参建单位之间的内部审核、审批,档案元数据著录,并进行电子文件管理的系统。

7.1.5 公共交互平台应用于工程电子文件在参建单位之间的处理、签批章、分发、交互,以及电子文件的上传报送。

7.2 电子文件的形成与管理

7.2.1 施工单位是施工质量资料的编制主体,但施工质量资料的形成也离不开建设、勘察、设计、施工、监理等单位的参与。具体地，建设单位是施工质量资料电子文件的牵头组织单位，施工单位是施工质量资料电子文件的编制责任单位，同时不应因为建设单位承担牵头组织责任而减少施工单位的编制主体责任。

本条中所指的 PDF 文件是指电子文件管理系统中直接生成的 PDF 文件，不包含纸质文件 PDF 扫描件。元数据应符合现行行业标准《建设电子档案元数据标准》CJJ/T 187 的有关规定。

7.2.2 经签批的电子文件并可用 U 盘、光盘、移动硬盘、云盘等介质保存。

7.3 电子签章的管理

7.3.3 电子签章时间为系统默认时间，是无法修改与调整的。该项规定是杜绝参建单位在电子文件编制、签章过程中对相关时间参数的修改，确保时间数据的真实性与标准性。

7.4 电子文件的保管

7.4.1 计算机软、硬件环境具体包括硬件设备、管理软件及网络环境。选用功能齐全、合理的管理系统，可以保证电子文件的高效形成、安全保管和有效利用。

电子文件形成单位和保管单位应配备光盘刻录设备或移动数据存储设备，以实现电子文件的脱机保存。适用于脱机存储电子文件的载体，按照保存寿命的长短和可靠性的强弱，依次为一次写光盘、磁带、可擦写光盘、硬磁盘等。由于存储技术发展非常快，难以对储存载体进行严格要求，但对于需要长期保存的电子文档，应保证存储载体的长久性和载体上记载内容的不可更改性。

7.4.2 采用电子文件管理系统的主要目的是提高资料管理的准确率及效率，资料的检索与统计功能是利用过程中必不可少的；

同时伴随计算机网络与移动网络的普及与便利，异地办公、移动办公条件日益成熟，电子文件的在线利用也是必须要考虑的功能。

8 归档管理

8.1 组 卷

8.1.2 资料组卷的目的是为了便于归档保存及查询利用，因此组卷的首要原则是遵循资料的形成规律，保持卷内文件资料的内在联系。

本条规定了施工质量资料组卷的基本原则，一般情况下应按此执行。当遇到特殊情况或对资料组卷有特殊要求时，可进行调整。

随着电子签章文件的全面推广与逐渐应用，电子文件与纸质文件等多种文件格式同时存在是无法避免的。为了更好地统计电子签章文件的应用与管理，组卷目录的标注应严格区分电子签章文件、纸质文件、扫描件这三种类型，并应符合各类型文件的归档要求。

8.2 归档与移交

8.2.3 无论什么类型的移交方式，所有归档资料的移交均应办理完备的移交手续。建设单位应根据审核确认的文件进行归档和保存。对电子文件的检测是指按照一定的标准对电子文件和电子档案的真实性、完整性、有效性进行测试、核验的过程。

8.2.4 现行国家标准《建设工程文件归档规范》GB/T 50328 对归档保存的施工质量资料的保存期限给出了规定，其中保管期限分为永久、长期和短期三种。具体解释：永久是指工程档案无限期的、尽可能长远地保存下去；长期是指工程档案保存到该工程被彻底拆除;短期是指工程档案保存 10 年以下。

电子文件的保管期限应与纸质文件资料保管期限一致。元数据的保管期限应与内容信息的保管期限一致。